RAPHAËL CHARRIER

NOËL
DANS LES YEUX DE
JOSEPH

Vivez la naissance d
avec son père o

blféditions

Les éditeurs remercient chaleureusement Viviane, Édith, Myriam et Claudine pour leur contribution à cet ouvrage.

Noël dans les yeux de Joseph : Vivez la naissance de Jésus avec son père adoptif • Raphaël Charrier

Rue de Maubeuge, 59164 Marpent, France

Couverture et mise en page : NouvelleCreation
Illustration de couverture : Freepik

Impression n° N09207230905 • SEPEC Numérique, 1 rue Prony
01960 Péronnas, France

ISBN 978-2-36249-836-7 broché
ISBN 978-2-36249-837-4 numérique

Dépôt légal 3e trimestre 2023

PEFC 10-31-3532

Noël dans les yeux de Joseph

RAPHAËL CHARRIER

TABLE DES MATIÈRES

Introduction / **9**

Ô Marie, si tu savais, tout le mal que tu me fais / **17**

Pourquoi moi ? / **27**

Plus rien ne m'étonne, jusqu'ici tout va bien / **33**

Mission impossible / **37**

Mon incrédulité encore une fois percée à jour / **41**

Une odeur de fromage dans la nuit / **45**

Une odeur de mages dans la nuit / **51**

Jésus est venu pour nous sauver / **57**

Récit de la nativité / **61**

Remerciements / **65**

Pour Abigaël et Samuel.

Être votre père me fait comprendre
chaque jour un peu plus
l'étendue de l'amour du Père
qui a envoyé son Fils pour nous.

Introduction

Tout est parti d'une idée…

Et si Joseph nous racontait, dans les mots d'aujourd'hui, comment il a vécu la naissance de Jésus ?

Être fiancé à une jeune femme vierge enceinte par l'action du Saint-Esprit, recevoir la visite d'un ange, devenir le père adoptif du Fils de Dieu et du Sauveur du monde : cela n'arrive pas tous les jours !

Or, Joseph était un simple homme, comme nous. Il n'était ni un saint, ni un super-héros.

Comment auriez-vous réagi à sa place ?

Comment a-t-il, quant à lui, appris le chemin de la confiance en Dieu et de l'obéissance ?

En me basant sur les récits bibliques, je me suis donné pour mission de me glisser dans la peau de ce témoin clé mais discret des évènements qui ont bouleversé l'Histoire.

J'ai délivré mon récit à l'oral une première fois. Aujourd'hui, je vous le partage par écrit.

Êtes-vous prêts à vivre Noël différemment ? Cette année, mettez-vous dans les sandales de Joseph.

Ma prière, c'est que vous sortiez de cette expérience atypique avec la confiance renouvelée que les voies de Dieu sont parfois surprenantes, mais qu'elles sont toujours bonnes.

Joyeux Noël !

Raphaël Charrier.

De moi, l'Histoire ne retiendra pas grand-chose. Je suis quelqu'un de plutôt discret. Je suis plus à l'aise dans mon atelier, à travailler le bois qu'à écrire. Mais ce que je m'apprête à vous révéler mérite que je fasse l'effort.

Je veux vous raconter comment moi, Monsieur Tout-le-monde, j'ai été bouleversé par des événements extraordinaires qui ont le pouvoir de transformer votre vie.

Je m'appelle Joseph, un nom banal qui cache une origine complexe. Je suis le descendant direct du roi David. Sa postérité est peu glorieuse… Au jeu des sept familles, personne ne manque à l'appel : le meurtrier, le traître, l'étrangère, le débauché, la prostituée, l'infidèle, le manipulateur. Notre héritage royal n'est pas glorieux, non plus. Il est fait de choix qui ont conduit notre peuple à la désobéissance, loin de Dieu et vers sa chute.

Depuis des siècles, nous déclinons sous les dominations étrangères. On dirait que tous les grands Empires se sont donné le mot pour faire de nous leur paillasson, pour piétiner nos espoirs et notre dignité.

Aujourd'hui, nous ne sommes même plus une nation. Nous n'avons plus de frontières, plus d'indépendance, plus de trône… À quoi ça sert d'être issu de la lignée royale d'un peuple divisé, dispersé et dominé ?

On choisit ses amis, pas sa famille. C'est mon cas. Dieu, en revanche, nous a choisis puis l'a regretté. Je ne vois pas d'autre explication.

Il y a bien longtemps, il nous a fait des promesses extraordinaires. Mais je crois qu'il nous a oubliés. Pour lui, un jour est comme mille ans, et ça fait quatre siècles qu'il nous ignore. Que faut-il en conclure ?

> J'affermirai ta descendance pour toujours et j'établirai ton trône pour l'éternité.
>
> Psaumes 89.5

Tu parles ! Nous sommes un peuple sans roi, sans Dieu et sans liberté. Moi, pour éviter d'être déçu, j'avais donc décidé de ne m'attendre à rien et de me concentrer sur mon futur: Marie.

Ô Marie, si tu savais, tout le mal que tu me fais

Je suis né à Bethléem, au sud-est de Jérusalem. Mais plus jeune, je me suis installé dans le nord de la Galilée, dans un village que vous ne connaissez probablement pas, Nazareth. Des ruelles étroites et sinueuses de cette bourgade tranquille se dégage une atmosphère apaisante, loin de l'agitation des grandes cités. C'est ici qu'il y a quelques années, j'ai rencontré Marie (qui va bientôt devenir *ma* Marie).

C'est un beau petit village, plutôt agréable. J'habite la rue des Artisans, un passage animé où résonnent les marteaux et les scies, à deux cents mètres de la synagogue. Ce serait un petit coin d'Éden si nous ne vivions pas sous les menaces quotidiennes des soldats romains (maudits soient-ils !). Ils aiment le pouvoir qu'ils ont sur notre terre. Sans leurs taxes, ma petite entreprise ne connaîtrait pas la crise. Malgré ces contraintes, je travaille dur pour offrir à Marie une maison digne de ce nom.

Mais un jour, ma vie a basculé. J'étais sur un chantier en bord de village. Il faisait beau, c'était une matinée parfaite pour mon ouvrage. Je m'étais arrêté pour boire et Marie s'approchait au loin.

Comme d'habitude, quand je la vois, je suis heureux. Il y a quelques mois, je l'ai demandée en mariage à ses parents et ils ont dit « oui » ! Je suis l'homme le plus béni de la région. Marie, c'est mon rayon de soleil. Mais ce jour-là, une ombre planait sur son visage.

En apercevant sa mine préoccupée, je me suis dit qu'elle venait probablement me parler, encore une fois, de l'organisation du mariage. Ça a tendance à la mettre sous pression. On ne s'est toujours pas décidés sur le choix du vin. À Cana, il est pas mal, mais surcoté. Et puis, il faut choisir le verset pour le papyrus d'invitation. Quelle galère, ces préparatifs ! La onzième plaie d'Égypte. Vivement que l'on passe à autre chose.

— Joseph, descends du toit s'il te plaît, il faut qu'on parle, m'a-t-elle dit.

Elle a immédiatement baissé les yeux. J'ai vu qu'elle n'était pas bien, mais sa visite ne tombait pas au bon moment. J'avais du retard et le temps, c'est de l'argent.

Si ça continuait comme ça, on allait devoir vivre dans une étable. Comble pour un charpentier ! En même temps, je ne voulais pas être la risée du village.

— Écoute, Marie, il faut vraiment que je finisse rapidement, le temps va tourner à l'orage… On pourrait parler du mariage un peu plus tard, non ? Tu n'as qu'à laisser ta mère choisir le verset et ton père, le vin. De toute façon, c'est comme ça que ça finira, sinon ils vont nous faire une grossesse nerveuse. Et puis pour l'invitation de ta cousine, on n'a qu'à dire que…

— Ce n'est pas de ça que je veux te parler, Joseph, m'a-t-elle coupé. Descends, s'il te plaît !

— Marie, dis-moi ça d'en bas, comme ça, je gagne du temps. Je dois finir avant qu'il pleuve.

Ses yeux étaient plus chargés d'eau que les nuages.

— Joseph, il faut vraiment que tu descendes. S'il te plaît.

Ça avait l'air très sérieux, tout ça. Marie ne pleure pas pour un rien. J'ai glissé le long de l'échelle et nous nous sommes assis tous les deux à l'ombre, sous le figuier de la cour. Le silence s'est installé, je n'osais pas le briser. De grosses gouttes tombaient çà et là, sur les énormes feuilles de l'arbre.

— Joseph… m'a-t-elle dit, la voix pleine de larmes.

Elle s'est arrêtée et a sangloté. J'ai senti qu'elle allait accoucher d'une sacrée nouvelle. Un mauvais pressentiment grandissait en moi. Puis, elle a murmuré quelque chose d'incompréhensible.

— Tu peux répéter s'il te plaît ?

— Joseph… je suis enceinte ! a-t-elle lâché.

— Haha, très drôle ! ai-je dit, incrédule.

Il commençait à pleuvoir des cordes.

— Je ne plaisante pas Joseph, je suis enceinte.

Mes oreilles se sont mises à bourdonner, un étau comprimait mon thorax. Je n'ai pas entendu la suite. Un gouffre venait de s'ouvrir sous mes pieds et de m'engloutir tout entier. Mon cœur et mes rêves venaient d'être brisés. Comment avait-elle pu me faire ça ?

Les quelques personnes encore à l'extérieur se réfugiaient à l'abri des maisons. Nous étions les seuls dehors, désormais.

Dans mon esprit, les conséquences de ses paroles défilaient plus violemment que l'orage qui venait d'éclater : avec qui m'avait-elle trahi ? Comment avait-elle pu ? Qu'allaient dire nos parents ? Qu'allaient dire le village et les anciens de la synagogue ? Marie allait se faire lapider ou boire les eaux amères. Et moi, je serai déshonoré à jamais. Et Dieu, quelle punition allait-il nous infliger ? Pourquoi s'acharnait-il ainsi sur moi ?

Marie continuait de parler, mais j'étais déjà bien loin, perdu dans des ténèbres intérieures. Comment avait-elle pu me faire une chose pareille ? Elle qui disait m'aimer piétinait mon cœur. Comment avais-je pu me tromper à ce point sur son compte ?

De grosses gouttes glacées tombaient des feuilles et nous étions trempés.

— Joseph, Joseph, tu m'écoutes ? Je ne t'ai pas trompé, m'a-t-elle dit. Je te le promets devant l'Éternel.

— Quoi ? Mais qu'est-ce que…

Mais quel idiot ! Bien sûr qu'elle ne m'avait pas trahi ! Comment avais-je pu penser ça d'elle ? Marie, c'est une fille bien. Jamais elle ne serait allée voir un autre homme, jamais elle n'aurait osé. Mais, mais alors… Je n'osais pas la regarder de peur de tomber dans les pommes. J'ai bondi et réajusté ma ceinture de travail.

— Marie, qui est l'homme qui t'a fait violence ? Dis-le moi vite !

Ma main avait déjà empoigné mon marteau et mes phalanges commençaient à blanchir. La rage m'envahissait. Je devais être fort. Ce que David avait fait à

Goliath était un câlin comparé à ce qu'allait subir le lâche qui lui avait fait ça. Que ce soit un Romain n'y changerait rien. De toute façon, notre mariage était fichu. Je n'avais plus rien à perdre.

— Joseph, écoute-moi…

Elle s'est levée et a pris mon visage entre ses mains. Je tentais de m'en dégager.

— Joseph, regarde-moi, s'il te plaît, a-t-elle insisté.

Les larmes coulaient toujours sur ses joues. En levant les yeux, j'ai vu quelque chose qui me troublait encore un peu plus. Son regard. J'y percevais d'autres émotions que la peur ou la honte : la paix, et même la joie... Je crois même que je ne l'avais jamais vue aussi paisible.

Ça y est, on l'a perdue, la Marie, me suis-je dit. Et je n'allais pas tarder à la rejoindre si elle continuait à jouer avec mes nerfs.

Alors que je prenais mon inspiration pour lui redemander qui l'avait violée, elle m'a pris de court.

— Joseph, le bébé que je porte en moi, eh bien… c'est Dieu qui me l'a donné.

Je n'en pouvais plus, elle allait me rendre dingue à jouer comme ça avec moi.

— Mais tu es devenue complètement folle ! Ô Marie, si tu savais, tout le mal que…

— Joseph, tais-toi et écoute !

Elle a continué en me racontant qu'un ange lui avait rendu visite, la veille au matin, quand elle allait puiser de l'eau.

— L'ange m'a dit : « N'aie pas peur, Marie, car Dieu t'a accordé sa faveur. Voici : bientôt tu seras enceinte et tu mettras au monde un fils ; tu le nommeras Jésus. Il sera grand. Il sera appelé "Fils du Très-Haut", et le Seigneur Dieu lui donnera le trône de David, son ancêtre. Il régnera éternellement sur le peuple issu de Jacob, et son règne n'aura pas de fin » (Luc 1.30-33).

J'ai posé la paume de ma main sur son front. Elle a fait un mouvement de recul.

— Que fais-tu ?

— Je vérifie, je crois que tu as de la fièvre.

— Ce n'est pas drôle, Joseph !

— Marie, tu réalises ce que tu me dis ? lui ai-je répondu, en levant les bras au ciel. Tu te rends compte que ce que tu me dis n'a aucun sens ? Si tu veux m'expliquer qu'en fait tu n'es pas vierge, il y a d'autres moyens.

— Je suis vierge, Joseph. C'est un miracle qui s'est produit. L'ange m'a expliqué : « Le Saint-Esprit descendra sur toi, et la puissance du Dieu Très-Haut te couvrira de son ombre. C'est pourquoi le saint enfant qui naîtra de toi sera appelé Fils de Dieu » (Luc 1.35). Il m'a aussi parlé de ma cousine et il a conclu en me lançant : « Rien n'est impossible à Dieu » (Luc 1.37).

J'étais totalement perdu.

— Au risque de me répéter, Marie, te rends-tu compte de ce que tu dis ? Oserais-tu me manipuler en utilisant le nom de Dieu en vain ? Tu sais ce que ça va te coûter, si c'est vrai ? Et si ce n'est pas vrai ?

Ce n'est vraiment pas le genre de ma fiancée de prononcer le nom de Dieu en vain. Et pourquoi inventer un tel bobard qui allait détruire nos vies ? Dieu n'avait pas parlé aux prophètes depuis quatre cents ans… Et maintenant il s'adresserait à… *Marie* ?

— Je t'ai tout dit, Joseph.

— Écoute, je te connais, je sais que tu es une fille bien et je voudrais te croire… Je sais qui est Dieu et que, dans l'absolu, il fait ce qu'il veut. Mais là, tu comprends, j'ai du mal. Laisse-moi seul un moment si tu veux bien, j'ai besoin de faire le point.

— Je te comprends… Je vais aller rendre visite à ma cousine Élisabeth et à son mari Zacharie. Je suis sûre que lui, il comprend ce qu'il se passe. Il pourra m'expliquer ce que disent les Écritures sur ce qui m'arrive.

Pourquoi moi ?

J'ai tout laissé en plan. Marie, le marteau, le chantier et je suis parti.

Impossible de travailler après une discussion aussi surréaliste. La qualité du vin de Cana était mon dernier souci désormais. Mon cœur était rempli de clous. J'avais l'impression d'être au bord du malaise. J'ai même vomi sur la route qui me conduisait chez moi.

En chemin, une pensée tournait sans relâche dans mon esprit : ma vie est fichue, mon mariage est fichu.

Jamais je ne pourrai vivre mon rêve de fonder un foyer avec Marie. Au revoir, notre maison sur les hauteurs ! Adieu, la petite vie tranquille et la bonne réputation ! Moi qui me voyais déjà apprendre à mes futurs fils la charpenterie.

Et Marie... Elle s'était mise dans une situation dramatique...

Je ne voyais que deux solutions : soit elle était la plus grande des menteuses, soit elle venait de sombrer dans la folie.

Alors, j'ai crié à Dieu.

— Éternel, aie pitié de moi ! Est-ce que cette histoire est vraie ? Pourquoi une telle chose m'arrive-t-elle ? Es-tu réellement derrière tout ça ? Qu'attends-tu de moi ? Que dois-je faire ? Qu'est-ce que les gens vont penser de nous ?

Quelle torture ! J'ai passé la nuit à pleurer, le lendemain également. Je n'ai pas pu sortir du lit ni rien manger.

Au matin, je suis allé à la synagogue. Ça faisait longtemps. Le rabbin lisait dans le livre du prophète Ésaïe :

> Écoutez donc, membres de la dynastie de David ! Est-ce trop peu pour vous de fatiguer les hommes, pour que vous abusiez encore de la patience de mon Dieu ? Voilà pourquoi c'est le Seigneur lui-même qui vous donnera un signe : la vierge sera enceinte, elle mettra au monde un fils et l'appellera Emmanuel.
>
> Ésaïe 7.13–14

Le Roi de gloire, vêtu de majesté, quitte son trône pour descendre vivre au milieu de nous ! Dieu vient en personne, se fait homme, naît d'une vierge pour sauver ceux qui l'ont rejeté… Vraiment ?

La nuit arrivée, j'étais K.O. Et je pensais encore et toujours à Marie.

J'ai alors pris la décision qui me semblait la meilleure... enfin, la moins mauvaise. J'allais rompre discrètement nos fiançailles pour protéger la réputation de Marie. Devant Dieu, je devais faire ça pour elle, même si ça m'arrachait le cœur. Dès demain, j'irais la voir pour le lui dire. J'espérais que je n'étais pas en train de jeter le bébé avec l'eau du bain. *Seigneur, donne-moi la force de le faire et prépare son cœur.*

Sur cette prière, je me suis endormi, l'oreiller trempé de larmes.

C'est alors que, croyez-moi ou non, l'ange qui était venu voir Marie m'est aussi apparu dans un rêve.

Il m'a dit, d'une voix forte comme le tonnerre :

— « Joseph, descendant de David, ne crains pas de prendre Marie pour femme, car l'enfant qu'elle porte vient de l'Esprit saint. Elle donnera naissance à un fils, tu l'appelleras Jésus. C'est lui, en effet, qui sauvera son peuple de ses péchés. » (Matthieu 1.20–23)

J'ai ouvert les yeux, j'étais comme paralysé. Mon corps était couvert de sueur. Je me suis jeté à terre, tremblant de crainte et de froid. Je suis resté ainsi de longues minutes, n'osant pas bouger. Des rêves, j'en avais fait des milliers. Mais là, il venait de se passer un truc de fou. Un ange m'était apparu ! Marie ne me croirait jamais...

Est-ce que vous vous rendez compte ? Dieu nous avait choisis, Marie et moi, pour une mission, et quelle mission ! Accueillir dans notre famille le Messie, celui qui venait nous sauver du péché. Quel honneur !

Marie n'était pas folle ! Ou je l'étais devenu…

Dès le lever du jour, j'irai l'épouser et nous nous occuperons de préparer la venue de Jésus ensemble.

En allant rejoindre Marie pour la rassurer, je m'interrogeais.

Dieu aurait pu nous faire l'annonce à tous les deux en même temps. Pourquoi avait-il voulu que je connaisse une telle angoisse ? Pourquoi m'avait-il laissé dans le noir ?

Vous arrive-t-il à vous aussi de vous demander pourquoi Dieu vous laisse sur la touche ? Pourquoi il vous laisse mariner dans vos soucis ?

Alors que je me plaignais de mon sort et en voulais à Dieu, il me montrait maintenant qu'il était au contrôle.

Ce n'est pas parce que je ne le voyais pas agir qu'il n'agissait pas. J'avais enfermé Dieu dans mon ressenti au lieu de faire confiance à ses promesses.

Alors que je croyais qu'il avait définitivement rejeté mon peuple, il lui demeurait fidèle. La promesse d'une lignée royale venant de David avait sonné comme une belle blague. Pourtant moi, un fils de David, je voyais le Fils de Dieu venir régner. Je croyais que Dieu s'était détourné de moi, mais il était en train de m'offrir son Fils.

Qu'avais-je fait pour mériter un tel honneur ? Qui étais-je ? Personne.

Mon peuple avait toujours été d'une infidélité sans faille à Dieu. Sans cesse, nous nous étions détournés de lui. Nous étions convaincus que nous pouvions vivre sans lui.

J'avais fait la même erreur, sans m'en rendre compte. Au fond, je voulais être le roi de mon petit royaume, à Nazareth, ma reine à mes côtés. Je voulais bâtir ma petite entreprise, ma maison. Quelle place avait Dieu dans tout ça ? Aujourd'hui, j'ai saisi que lui être fidèle, c'est avoir confiance en lui et en ses promesses.

Marie et moi avons renoncé à nos projets pour servir le sien. Et ce fut le plus grand honneur de notre vie.

Plus rien ne m'étonne, jusqu'ici tout va bien

Les mois défilaient à une vitesse folle. Le ventre de Marie s'arrondissait de plus en plus. Le temps passé avec Élizabeth, sa cousine, avait confirmé plein de choses. Dieu préparait tout. Jean-Baptiste était né. Le plus grand des prophètes allait préparer notre peuple à la venue de Jésus.

L'accouchement était imminent. Je comprenais petit à petit que j'étais en train de rentrer dans l'Histoire comme Abraham, Moïse et David.

Le rôle de Marie était clair, mais le mien… mystère ! Techniquement, je n'allais pas être le père de Jésus, puisqu'il était le Fils de Dieu. Mais j'allais l'élever comme mon enfant. Fils de Dieu, fils de David… Le Tout-Puissant s'était incarné dans un nourrisson fragile, confié à un charpentier. Quel mystère !

Je faisais confiance à Dieu. Désormais, je pensais que tout allait rouler comme un char romain... Après tout, notre fils s'appelait Emmanuel, « Dieu est avec nous ».

Et puis les Romains, encore une fois, sont venus dans le bourg. La rumeur se répandait comme une traînée de poudre. Cette fois-ci, ils avaient annoncé le recensement. La technocratie romaine est diabolique ! Comme j'étais natif de Bethléem, je devais m'y rendre pour faire la paperasse. Quelle galère !

Sur le moment, j'étais catastrophé. Je devais embarquer Marie avec moi. Je calculais mentalement... ça risquait d'être juste. Mais quelle galère ! Puis, j'ai percuté : *mais oui, c'est l'accomplissement de la prophétie !*

Depuis que Marie était tombée enceinte de Jésus, je révisais mes classiques auprès des rabbins du village :

> Et toi, Bethléhem Ephrata, qui es petite parmi les villes de Juda, de toi sortira pour moi celui qui dominera sur Israël et dont l'origine remonte loin dans le passé, à l'éternité.
>
> Michée 5.1-2

J'ai donc vu la main de Dieu. Il utilisait ceux qui nous pourrissaient la vie pour accomplir son plan. Ces idiots aidaient Dieu sans le savoir !

Tout allait donc bien se passer pour nous. Même si à vue humaine, un tel voyage n'était pas recommandé à ce stade de la grossesse, je savais que Dieu allait aplanir le sentier. Peut-être même allait-il nous envoyer le char d'Élisée pour voler jusque là-bas en première classe !

J'étais à mille lieues d'imaginer toutes les épreuves qui nous attendaient encore…

Mission impossible

Nous nous sommes mis en route. Le premier jour, je guettais le ciel pour ne pas rater le char d'Élisée.

Au bout d'une semaine, j'ai compris qu'il ne viendrait pas. Pire, le voyage a été éprouvant et interminable. Les jours s'enchaînaient, Marie souffrait. Les serpents, les chemins dangereux, les rivières à traverser, les collines à gravir et l'âne qui se comportait comme… un âne. Rien ne nous était épargné. Nous avons failli perdre la vie plusieurs fois. Dieu ne nous facilitait pas franchement la tâche.

Au fur et à mesure, le doute montait en moi. Pourquoi était-ce si dur ? Dieu était bien silencieux.

Marie a eu les premières contractions alors que Bethléem était à l'horizon. J'ai commencé à vraiment angoisser.

— Tiens bon Marie, on y est presque ! Dieu doit nous y avoir préparé une veuve de Sarepta, mais riche et qui a déjà eu huit enfants.

Et puis ça a tourné au cauchemar.

Avec une telle foule venue pour le recensement, personne ne pouvait nous accueillir. Sérieusement, Dieu ?

— Joseph, le bébé va bientôt arriver ! Fais quelque chose !

— OK, pas de panique ! Lui ai-je lancé d'une voix affolée. Tu veux que je te donne la main ? Respire Marie, respire ! Souffle en comptant jusqu'à…

— Joseph, concentre-toi !

Je courais comme un dératé, je frappais de porte en porte.

— Désolé, tout est déjà occupé, on ne peut rien pour vous. Toujours la même réponse.

Après avoir fait le tour de la ville, j'ai finalement crié à Dieu :

— Ô, Dieu, as-tu oublié de réserver une chambre pour ton propre Fils ? Un lieu digne de son rang et de sa mission ? On devrait être dans un palais. Quand l'équipe des anges sages-femmes arrive-t-elle ? Je te rappelle que je suis charpentier… Et en plus, je n'ai pas mes outils sur moi !

Il y avait encore une autre porte, la dernière qu'on n'avait pas encore essayée. Même réponse embarrassée.

— Je vous en prie, ai-je supplié, n'importe quoi fera l'affaire !

— Écoutez, dit l'homme, honteux de nous faire une telle proposition, il y a une étable derrière. Allez vous y installer, ce sera toujours mieux que la rue. On va vous aider à mettre un peu d'ordre.

Et voilà, le charpentier dans une étable…

— L'Éternel a pourvu, dit Marie, soulagée.

A pourvu, a pourvu… Surprenant, tout de même. Mais bon. Pas le temps de réfléchir. Ni une ni deux, je l'ai installée dans la paille.

Mon incrédulité encore une fois percée à jour

En installant Marie, je comprenais qu'être dans les plans de Dieu n'était pas synonyme de facilité.

Il nous place dans des situations de faiblesse pour nous apprendre à ne compter que sur sa bonté et sa fidélité.

La foi, c'est la confiance en ses promesses au milieu de la crise et de l'incertitude. L'Éternel sera-t-il fidèle ? Toujours. Il nous donne toujours ce dont nous avons besoin pour obéir à sa volonté.

Dieu le Père, à travers notre timide obéissance, accomplit un plan qui nous dépasse. Il ne faut jamais se fier aux apparences, mais toujours se fier à Dieu et à ses promesses.

Une fois que Marie avait accouché – je vous passe les détails – quelle joie ! Toutes les difficultés étaient oubliées.

L'Étoile du matin, le Dieu qui est la lumière du monde, venait de naître au cœur de la nuit, dans un monde obscur.

Le Créateur était devenu créature. Nous l'avions là, sous nos yeux, Jésus. Nous tenions Dieu… dans nos bras. Cette phrase me donne encore le tournis.

Le Fils du Très-Haut était avec nous, littéralement, dans une étable. Et il était si fragile ! Comment Dieu avait-il eu cette idée ? Comment le Tout-Puissant s'était-il humilié à ce point ? Quel type de roi Jésus allait-il être ?

J'ai repensé à cette folle journée. Pourquoi Dieu le Père avait-il choisi que son Fils naisse dans une étable, ce lieu sale et impur ?

Comment comprendre cette humiliation volontaire ? Le roi qui décide de ne pas se réserver ne serait-ce qu'une simple chambre… Je restais songeur… Il se dépouillait.

Le Fils de Dieu nous révélait le Dieu invisible et ses perfections ; il nous dévoilait l'humilité du Tout-Puissant. Ça me dépassait complètement.

Et s'il venait pour nous délivrer de nos péchés, il fallait sans doute qu'il apprenne à souffrir…

Une odeur de fromage dans la nuit

C'est alors qu'ils ont déboulé dans l'étable en mode troupeau en panique. Des bergers, excités comme des puces ! Ils transpiraient et soufflaient comme des buffles. Ça commençait à sentir drôlement le mouton là-dedans. Ça m'a donné envie de fromage.

Ils cherchaient quelque chose, d'un regard fiévreux.

Dès qu'ils l'ont vu, emmailloté dans la mangeoire, ils l'ont serré dans les bras et ont crié de joie.

— Il est bien dans la mangeoire ! se lançaient-ils les uns aux autres. Le bébé est dans la mangeoire ! Le bébé de la mangeoire, il est bien là ! Oui, il est dans la mangeoire, le petit bébé !

Ils se chuchotaient à l'oreille et pouffaient de joie.

J'ai pris un peu peur. J'ai serré Marie et Jésus dans mes bras.

— Hé, oh, calmez-vous ! Qu'est-ce qui vous arrive ? Sortez d'ici immédiatement !

— Vous n'allez pas nous croire, on a vu un ange dans le ciel ! m'a répondu un homme au visage usé par les vents.

Le chef de cette équipe improbable, le plus âgé, s'est approché et il a demandé le silence.

— L'ange nous a sorti quelque chose d'énormissime. Il nous a dit : « N'ayez pas peur, car je vous annonce une bonne nouvelle qui sera une source de grande joie pour tout le peuple » (Luc 2.10).

Un jeune à la barbe fournie l'a coupé avec impatience.

— Il nous a dit aussi : « Aujourd'hui, dans la ville de David, il vous est né un Sauveur qui est le Messie, le Seigneur. Voici à quel signe vous le reconnaîtrez : vous trouverez un nouveau-né enveloppé de langes et couché dans une mangeoire » (Luc 2.11-12).

Un autre, qui se tenait dans l'encadrement, a ajouté :

— On a fait toutes les étables du secteur et enfin, on l'a trouvé : il est couché dans la mangeoire ! Alléluia ! C'est donc lui notre Sauveur, il vient enfin nous sauver !

— Et ce n'est pas tout, a repris le doyen, une nuée d'anges nous est apparue.

— Ouaip, un vrai troupeau ! Plus grand que tous les nôtres réunis, a remarqué son voisin.

— Ne m'interromps pas, toi ! Les anges, ils chantaient les louanges de Dieu : « Gloire à Dieu dans les lieux très hauts, paix sur la terre et bienveillance parmi les hommes ! » (Luc 2.14). Quel concert ! Même Moïse n'a pas dû voir un tel show quand il était sur la montagne.

— Ouais grave, a ajouté un autre, l'étendue des cieux était couverte d'anges. Ils étaient plus nombreux que les étoiles. On ne pouvait pas les compter. Ils adoraient l'Éternel d'avoir envoyé le Messie. On commençait à se demander si on n'avait pas eu une hallucination collective.

— Il est dans la mangeoire ! a répété un autre en pleurant.

Et puis, ils sont repartis comme ils étaient venus, chantant des cantiques à pleins poumons, réveillant toute la ville.

Marie, elle, restait songeuse. Moi aussi.

Ça faisait neuf mois que Dieu ne nous avait pas parlé. Quand on souffrait durant le voyage, il ne disait rien. Quand on criait à l'aide dans les rues, il n'était pas là. Pourtant, ce qu'on vivait mettait aussi son Fils en danger.

Mais maintenant, Dieu nous réconfortait par les paroles de cette troupe inattendue. Dieu avait révélé à ces gens tout simples que son Fils venait. De la rue résonnaient leurs chants : « Il est des nôtres ! »

Le calme revenu, j'ai compris que j'avais honte de voir Jésus dans cette mangeoire, moi. Ce n'était pas digne de lui. J'avais l'impression d'avoir échoué en tant que papa.

Pourquoi le Père mettait-il délibérément son propre Fils dans une telle misère ? Il n'avait même pas de lit.

Ce que nous vivions, le Fils de Dieu le vivait. Il s'identifiait à nous : les bergers, les charpentiers, les jeunes filles, les villageois opprimés. Les gens banals, quoi. Simples. Le Créateur, le Roi des rois venait vivre avec nous. Au beau milieu de nous. Comme le moindre d'entre nous.

En regardant le petit dans la mangeoire, je le saisissais un peu mieux : le Créateur et ses créatures ne seraient plus séparés désormais. Il était Emmanuel, Dieu avec nous… pour toujours. Jésus allait nous révéler tant de choses…

Une odeur de mages dans la nuit

Le lendemain, j'ai fait mes démarches administratives (il paraît qu'en Gaule elles sont pires). Pendant ce temps, Marie et Jésus se reposaient. Cette besogne ennuyeuse ne me faisait pas de mal après tout ce qu'on venait de vivre.

Une fois Marie remise, nous rentrerons en passant par le Temple de Jérusalem pour y présenter Jésus au Père, comme le veut la Loi.

Ce que j'ignorais, c'est qu'à ce moment même, dans la cité de David, un groupe d'hommes mystérieux s'entretenait avec Hérode.

Le soleil était couché depuis quelques heures, quand j'ai remarqué une forte luminosité par la fenêtre. Une étoile était apparue juste au-dessus de la ville et elle brillait de façon surnaturelle. On se serait cru en plein jour, comme si Dieu avait créé un nouveau soleil qui venait chasser les ténèbres du monde.

C'est alors qu'on a frappé bruyamment à la porte. J'ai sursauté. Qui venait nous déranger à cette heure ? Pas d'odeur de fromage ni de cris : ce n'étaient pas les bergers. Si c'étaient des Romains, tout pouvait arriver.

J'ai entrouvert, risqué un regard et je suis resté bouche bée. Le spectacle devant moi était prodigieux. Là, à ma porte, se trouvait une délégation d'hommes aux vêtements magnifiques. Ils portaient des bagues et des colliers qui brillaient. Leur couleur de peau et la forme de leurs yeux confirmaient qu'ils ne venaient pas du coin. De Perse, peut-être, à en juger par leurs habits ?

En tout cas, ils n'étaient pas n'importe qui. Mais qui étaient-ils ?

Derrière eux, il y avait tout un groupe de personnes qui s'occupaient de leurs chameaux et de leurs chevaux. C'étaient sûrement leurs serviteurs. Certains commençaient à monter des tentes dans le champ d'en face.

Ils avaient l'air fatigués, comme après un long voyage, mais leurs yeux brillaient. Respectueusement, ils se sont inclinés. Très intimidé, je leur ai dit :

— Bon… bonsoir… Euh… Vous comprendre ce que moi dire ? C'est… c'est pour quoi ? On ne veut rien acheter, de toute façon.

— Nous ne venons pas vendre, mais offrir.

— Comprends pas, désolé, au revoir.

J'allais refermer la porte quand l'un d'eux l'a bloquée avec sa main.

— Nous sommes des Sages, des scientifiques, nous venons d'Asie. Dans nos pays, on nous appelle des mages.

— Et que faites-vous si loin de chez vous ? Vous vous êtes perdus ?

— Au contraire, jeune homme. Nous étudions l'Histoire, les étoiles, les mathématiques et la géométrie. Il y a quelque temps, alors que nous observions le ciel étoilé, nous avons vu une étoile qui semblait se déplacer vers Israël. Alors, il nous est revenu en mémoire une prophétie de votre livre de Moïse, les Nombres.

Je suis sorti et j'ai refermé la porte derrière moi.

— Parlez moins fort, vous allez réveiller notre bébé.

Leurs yeux brillaient. Celui qui se tenait à sa droite a alors pris la parole :

— La prophétie dit : « Je le vois bien, mais non pour maintenant, je le contemple, mais non de près ; un astre monte de Jacob, un sceptre s'élève d'Israël » (Nombres 24.17). En voyant cette étoile, nous avons fait le lien : c'est pour maintenant !

— Nous avons décidé de la suivre pour rencontrer ce Roi qu'elle annonce et qui vient de Dieu. Si Dieu vient sur terre, toutes les nations doivent l'adorer. Nous venons en ambassadeurs pour l'honorer.

Je les ai fait entrer et ils se sont agenouillés devant Jésus qui se réveillait tout juste.

Dieu le Père conduisait à son Fils des gens du coin, mais aussi des Sages d'autres nations. Jésus allait être la lumière de notre peuple, mais aussi celle du monde entier. Il allait être adoré sur toute la terre. Extraordinaire !

On vivait ce qu'on appelle maintenant « Noël ». Ils ont fait des offrandes à Jésus, le Messie, pour lui montrer leur respect et leur adoration.

Ils ont déposé à ses pieds des présents dignes d'un roi : de l'or pour le Roi des rois ; de l'encens pour le prêtre qui allait nous représenter devant Dieu. Un troisième cadeau m'a laissé songeur : la myrrhe, qui sert à embaumer les morts. Je le comprends maintenant : c'était le cadeau pour celui qui allait s'offrir en sacrifice.

Et moi, qu'est-ce que j'allais pouvoir offrir à Jésus pour lui montrer mon amour ?

Que ce soit Marie ou moi, les bergers, les mages, et tous les anges, nos regards à tous étaient tournés vers Jésus.

C'est lui le centre de l'attention du Père, c'est lui le centre de toute l'Histoire. C'est par lui et pour lui que nous avons été faits. Vous et moi, on est pareils. On est des gens tout simples, on n'est pas des héros ou des princesses. Mais Dieu nous fait le privilège de rencontrer son Fils et de l'adorer.

Voici les événements qui ont entouré la naissance de Jésus. Ici se termine mon histoire. Ici commence la vôtre.

Jésus est venu pour nous sauver

Vous lisez mon témoignage probablement parce qu'on vous a offert ce livre à Noël.

Avant de profiter de vos autres cadeaux (si vous avez la chance d'en avoir) ou de manger le reste de la bûche (est-ce bien raisonnable ?), permettez-moi de vous laisser une dernière pensée.

Si vous avez du mal à croire à mon histoire, je vous comprends. Je suis passé par là. Des millions de personnes avant nous ont connu le doute avant de croire en Jésus.

Il me semble que la plupart des gens fêtent sa naissance même s'ils ne croient pas en lui.

Dans un monde triste, sans signification, sans espoir ni promesses, Noël est une parenthèse enchantée qui promet du bonheur et des moments de partage. Fêter Noël répond à un besoin de foi, d'espérance et d'amour.

Pourtant, au fil du temps, on a fêté Noël de manière toujours plus faste et opulente. Même les mages auraient eu du mal à suivre les dépenses !

Mais la panoplie de décorations, de lumières, de paillettes, de cadeaux et de bons repas nous satisfait-elle vraiment ? Pourquoi, année après année, le blues nous envahit-il après la fête ?

Cette soif de joie, d'émerveillement et de partage jamais satisfaite, serait-elle le témoignage que rien dans ce monde ne peut nous combler parfaitement et durablement ?

Nous cherchons autour de nous ce que Dieu seul peut nous donner. Voilà notre problème.

Le sens premier de Noël, c'est une bonne nouvelle. Une bonne nouvelle à redécouvrir ! Le Fils de Dieu a quitté son ciel de gloire pour venir jusqu'à nous. Lui, que les cieux ne peuvent contenir, s'est abaissé pour venir rencontrer et servir ceux qu'il a créés, sauver ceux qui l'ont rejeté.

Jésus a échangé son trône pour une mangeoire et s'est laissé couronner d'épines. Lui, la lumière du monde, est né dans les ténèbres.

Quand il a été crucifié, l'obscurité a recouvert le monde, car il a pris à notre place la condamnation que nous méritions pour accomplir la justice du Père.

En Jésus, l'amour et la justice de Dieu se rencontrent harmonieusement. Dieu peut nous offrir le salut et déverser sa grâce sur nous, sans se renier lui-même. Et parce que Jésus *est* la résurrection et la vie (Jean 11.25), il est ressuscité !

Aujourd'hui, il peut donc offrir le pardon, la réconciliation et une vie nouvelle à toute personne qui lui fait confiance.

C'est notre plus grand besoin.

Si vous doutez, souvenez-vous de ce qu'a dit l'ange à Marie : « Rien n'est impossible à Dieu » (Luc 1.37) ! Ne rejetez pas son cadeau avant d'en avoir expérimenté la valeur : lisez les Évangiles qui vous racontent en détails ce que Jésus a accompli.

Si vous êtes fatigué, découragé, cessez de chercher dans le monde ou en vous-même ce que seul Christ peut vous donner : le pardon, la réconciliation et le repos en Dieu.

Demandez-lui d'un cœur sincère de se révéler à vous et il le fera. Personne ne vous fera jamais de plus grand cadeau que celui-là.

Placez dès maintenant votre confiance en lui et vous passerez le plus beau des Noël.

Joyeux Noël !

Joseph, le charpentier de Nazareth.

Récit de la nativité

La Bible, Évangile selon Matthieu, 1.18-2.12

Voici de quelle manière arriva la naissance de Jésus-Christ. Marie, sa mère, était fiancée à Joseph ; or, avant qu'ils aient habité ensemble, elle se trouva enceinte par l'action du Saint-Esprit. Joseph, son fiancé, qui était un homme juste et qui ne voulait pas l'exposer au déshonneur, se proposa de rompre secrètement avec elle. Comme il y pensait, un ange du Seigneur lui apparut dans un rêve et dit : « Joseph, descendant de David, n'aie pas peur de prendre Marie pour femme, car l'enfant qu'elle porte vient du Saint-Esprit. Elle mettra au monde un fils et tu lui donneras le nom de Jésus car c'est lui qui sauvera son peuple de ses péchés. »

Tout cela arriva afin que s'accomplisse ce que le Seigneur avait annoncé par le prophète : la vierge sera enceinte, elle mettra au monde un fils et on l'appellera Emmanuel, ce qui signifie « Dieu avec nous ».

A son réveil, Joseph fit ce que l'ange du Seigneur lui avait ordonné et il prit sa femme chez lui, mais il n'eut pas de relations conjugales avec elle jusqu'à ce qu'elle ait mis au monde un fils [premier-né] auquel il donna le nom de Jésus. Jésus naquit à Bethléhem en Judée, à l'époque du roi Hérode. Or, des mages venus d'Orient arrivèrent à Jérusalem et dirent : « Où est le roi des Juifs qui vient de naître ? En effet, nous avons vu son étoile en Orient et nous sommes venus pour l'adorer. »

Quand le roi Hérode apprit cela, il fut troublé et tout Jérusalem avec lui. Il rassembla tous les chefs des prêtres et spécialistes de la loi que comptait le peuple et leur demanda où le Messie devait naître. Ils lui dirent : « A Bethléhem en Judée, car voici ce qui a été écrit par le prophète : Et toi, Bethléhem, terre de Juda, tu n'es certes pas la plus petite parmi les principales villes de Juda, car de toi sortira un chef qui prendra soin d'Israël, mon peuple. »

Alors Hérode fit appeler en secret les mages ; il s'informa soigneusement auprès d'eux du moment où l'étoile était apparue, puis il les envoya à Bethléhem en disant : « Allez prendre des informations exactes sur le petit enfant. Quand vous l'aurez trouvé, faites-le-moi savoir, afin que j'aille moi aussi l'adorer. »

Après avoir entendu le roi, ils partirent. L'étoile qu'ils avaient vue en Orient allait devant eux jusqu'au moment où, arrivée au-dessus de l'endroit où était le petit enfant, elle s'arrêta. Quand ils aperçurent l'étoile, ils furent remplis d'une très grande joie. Ils entrèrent dans la maison, virent le petit enfant avec Marie, sa mère, se prosternèrent et l'adorèrent. Ensuite, ils ouvrirent leurs trésors et lui offrirent en cadeau de l'or, de l'encens et de la myrrhe. Puis, avertis dans un rêve de ne pas retourner vers Hérode, ils regagnèrent leur pays par un autre chemin.

Remerciements

Ce récit m'a été inspiré par la lecture du chapitre neuf du livre *Où est ta foi ?* (Jon Bloom, BLF Éditions).

Dans un premier temps, j'ai développé l'idée pour enseigner mes enfants et mon Église. J'ai ensuite publié sur le site de Toutpoursagloire.com une version plus rudimentaire de ce récit.

Je remercie Anne-Sophie Tandy pour son travail d'accompagnement éditorial.

blféditions
Passionné à juste titre
BLF Éditions • Rue de Maubeuge • 59164 Marpent • France
Tél. (+33) (0) 3 61 46 02 56 • info@blfeditions.com
blfeditions.com